JN439752

차달숙 시조집

두리기둥

차달숙 시조집

두리기둥

지은이 차달숙
펴낸이 최명자

펴낸곳 책펴냄열린시
주소 48932 부산광역시 중구 동광길 11 203호
전화 051 464 8716
출판등록번호 제1999-000002호
출판등록일 1991년 2월 4일

인쇄일 2016년 1월 5일
발행일 2016년 1월 8일

값 8,000원

ISBN 978-89-87458-93-9 03810

국립중앙도서관 출판예정도서목록(CIP)

두리기둥 : 차달숙 시조집 / 지은이: 차달숙. -- 부산 : 책펴냄열린시, 2016
p. ; cm

ISBN 978-89-87458-93-9 03810 : ₩8000

한국 현대 시조[韓國現代時調]

811.36-KDC6
895.715-DDC23 CIP2015033658

□시인의 말

한 그루 팽나무 같으시던 아버지와 시조창을 즐겨 읊으시던 어머니가 새삼 그립습니다.

삶이 힘들수록 마음을 달래시듯 읊으셨습니다.

부모님 가시고 내가 아비 되어 읊는 노래는 왜 이렇게 초라한지, 부끄럽습니다.

시보다 시조를 먼저 공부했으나 사정에 의하여 이제야 얼굴을 내밉니다.

두루 이해와 지도 바라 마지않습니다.

2015. 12. 23

松韻 차달숙 모심

제 1 부 저녁 풍경

제 2 부 늦은 배웅

제 3 부 슬하

제 4 부 감국에게 묻다

제 5 부 비손

제 1 부

저녁 풍경

해후

눈 시린 벼랑 끝에
동백꽃이 흔들린다

추락은 저런 거다
그림자도 남김없이

흉터만 홀로 자라서
기약하는 눈초리

부처님 손 · 1

참빗 같은 봄볕이 콧등 위에 내린다

흐린 눈 밝히며 지나가는 큰손이다

빈들에 꽉 차는 손짓에
창을 여는 풀잎들

부처님 손 · 2

햇잎 하나 가만 내모는 봄 나무들 일이나

젖니 가만 내주는 외손녀 웃음이나

우주 속 경이로운 일,

돌보는 이 따로 있다

그림자

흔들리는 그림자가 창문을 지나간다

들숨은 없으나 살아 있는 그림이다

대숲을 흔드는 바람
말 안 해도 알만 하네

두리기둥

—폐가에서

격랑이 휩쓸고 간 외딴 마을 너와집

두리기둥 옹이에 기침소리 들린다

매미도
푸른 한나절을
숨죽여 듣다 간다

이른 봄

봄 가뭄 때 샘물처럼
윤슬 담은 햇살에

빈집에 눈을 뜨는
햇잎들 숨소리

대나무
여린 가지가
하늘 끝에 더 푸르다

가을 단상

외로움 달래려고
산책 나온 공원에서

낙엽 지는 감나무에
무심히 건넸던 말

내년에 피는 꽃이나
보고 갈 수 있을까

나무는 내 소원 듣고
피었던 꽃 지고 있다

나는 또 무심결에
한 마디 내놓는 말

단풍 빛 고운 가을에
부끄럼 탄 얼굴 보려나

뒷모습

—낙동강 · 1

저녁놀 등에 지고 먼 길 가는 강물은
키 작은 노시인의 뒷모습을 닮았다

보내고 돌아설 때마다
허전한 마음 칠백리

머물러 썩지 않으려고
몸부림치는 모습을

오늘은 저녁노을도
곁불처럼 울고 있다

내 어찌 모른 체 하랴
마음 아려 눈을 감네

강촌에서

—낙동강 · 2

시간에 지친 몸을 아랫목에 묻고 싶다
정 많은 처제가 살만한 마을이다
젓대에 노래를 실어 안부라도 띄울까

젖었다 마를 듯 살아가는 강촌인데
전설이 끊어지는 소식 한 장 받아든다
저녁놀 강물에 번져 물새도 날지 않는다

망우정 강학의 깊은 밤에

—낙동강 · 3

막필에 먹물 찍어
일필로 내려썼네

때로는 부드럽게
돌아서는 거칠게

분명코
하늘선비의
마음 깊은 필체다

강학 속 깊은 밤은
별빛으로 눈을 뜨고

붓 잡고 정신 차려
흉내 한번 내보려네

세필 끝
흐르는 곳에
받침조차 힘겹다

※망우정 :경남 창녕군 도천면에 있는 곽재우 장군이 만년을 보낸 정자

하단에서

—낙동강 · 4

가슴에 토박이 말 빗장 굳게 닫아걸고
강물 속에 새긴 뜻 풀어 읽는 눈빛이여
기원이 하늘에 닿으면
타는 노을도 꽃이다

동녘에서 몰려오는 어둠을 등에 지고
샐비어 밀밭 가듯 을숙도 가는 길
술 취한 가등 불빛에
수평선이 기운다

침묵하는 강

—낙동강 · 5

깊어지고
멀리 가는
햇살을 동반했다

몸 낮추어
흐르는 일
쉬운 일 아니다

한번 쯤
자문케 하는
반성의 강,
혼자다

을숙도에서
—낙동강 · 6

그 여자
쉬, 한번
참 시원하게 쏟아낸다

요강단지 깨뜨릴라
차고 넘쳐 상전될라

걸출한
여인인지라
해우소리도 장엄하다

쏟아낸
오줌발,
태평양을 채운다

해초와
물고기들
먹이고 품어준다

밤에도
쉬지 않는다
쏟아내는 개숫물

벚꽃은 악동처럼

1
유혹하는 중이더라
수작 거는 혀 놀림으로

환호가 아니더라
갚지 못할 원성이다

낙화는 흉탄이더라
못 버린 내 상처들

2
밤 무논에 떼 개구리
울음 그친 적막 속

궁핍한 밥상머리
이 빠진 밥그릇에

비켜선 마음 모서리가
산사태로 무너진다

3

누가 대적하랴
상대조차 말아라

절정이 높을수록
비애 또한 깊어진다

짝 찾는
원초적 절규는
현란한 허무다

저녁 풍경

1
힘들게 버티어 온 고향 떠난 발자국
뿌리치듯 팽개치듯 귀향길 서둘렀다

별빛도 부끄럼 없이
어둠살로 스몄네

다시 오는 발걸음이 별빛으로 젖어들고
들에서 돌아오는 그을려진 얼굴들

저무는 산골 마을에
모캣불이 열린다

2
밤안개가 지붕 위로 적막을 채우는데
떠도는 은하계에 자고 갈 잎이 없네

눈물에 빈 배가 되어
떠나가는 초승달

제 2 부

늦은 배웅

첫눈 바라보네

하루치 일과들을 내려놓고 바라보네

그 누가 돌아가서 눈이라도 된 것일까

바람에 흩어져가는
숫 눈발을 바라보네

어둠 젖은 뼈들이 몰려오는 저녁답

지나간 날들이 바람 따라 흩날리네

신행의 그날 밤처럼
꿈을 쌓고 바라보네

그대를 보내고

다시 한 잔 찻물이 그윽하게 깊어갈 때

빈 잔을 마주하여 의자가 텅 비었네

저물녘
창가에 앉아
그림자가 지친 날

동백나무 그늘이 더해진 어둠 속으로

누군가 오듯 말듯 멀어지는 발소리

찻잔에
뜨는 은하를
쓴 약인 듯 마시네

약

한심하게 심심한 날
사랑한다고 말했네

떠나간 여자에게
말이라도 해야 했네

내 혼백 망실될 듯이
무진장 외로워서

아직도 잊을 수 없는 첫사랑이 흘러 갔네
미친 사람처럼 들먹이다가 울다가 웃었네
고독을 삭이는 데는 혼잣말이 약이네

병상에서

잠들었던 사이에 멈춘 시간 있었나
환부 가린 붕대에 번지다 만 피고름
끝날 줄 모르던 통증도 쉬어갈 때 있는가

맺힘 없이 풀려가도 끝이 없는 시간들
슬픈 볼을 타내리는 눈물만이 제 철이다
끊어진 생각의 저쪽 통증은 꽃이 되겠지

사랑은

사랑이 입은 옷은
언제나 가시였다

낙과한 섬이 되어
흔들리면서 흔들리지 않는

부동의
등댓불처럼
그리움을 앓는다

강변을 걸으며

갈대숲 눈먼 바람 해종일 울어대더니
나룻터 오가는 순한 뱃길 끊어졌다
강마을 저녁 노을도 수심 깊이 앓고 있다

울던 강물 다독이며 잠 재우던 푸른 밤
만날 이도 반길 이도 강 건너에 두고서
나홀로 초승달 되어 강변 따라 가는 길

사는 일

1
무슨 길을 틔우려고 갯바위에 올라앉아
해종일 수평선이나 바라보는 게 아니네

사는 일
해 저물도록
파도쳐야 하는지…

2
이차돈 흰 피 되는 길끝에 이르러서
죽어서 환생하고자 파도는 몰려오는가

따개비
너를 붙들고
갯바위에 들었다

새

짝사랑

저녁놀이 붉게 물든 서녘하늘 바라보니
형체도 불분명한 새 한 마리 날아간다
한 여인 이름도 모른채
가슴 안에 뜨겁다

첫사랑

사랑하다 놓친 그녀 새가 되어 태어나리
부르는 노랫소리 슬프니까 아프다
불타는 저녁놀 아래
애터지게 그리운…

그리고, 우리네 예사사랑

해 저물어 대숲으로 돌아가는 한 식솔들

동박새, 멧비둘기, 올빼미, 뻐꾸기들
가슴에 머물러 있어
잃어 버린 풍경들

백령도 기원

1
눈 깊숙이 바라보면
장산곶도 내 땅인데
부르면 답 하려나
사투리가 억세려나

먹감빛 바닷가에서
젖은 눈을 말리네

2
고향집에 가 닿으면
눈 감아도 한이 없다는
방언이 된 통일은 언제
해독할 날 오려나

두무날 비바람 같은
말씀에 귀가 먹네

3

나뭇가지 휘도록 내려앉는 북녘땅 새
해주에서 건너온 까마개*가 맞단다

불안한 구순 노인이
품어 안은 검은 새

*까마개 : 까마귀를 말하는 황해도 사투리

가을비

우리 집엔 실업자가 둘,
앓고 있는 이도 둘이다

방에서
거실에서
장단 맞춰 복창하는데

할멈은
낙숫물 따라
눈물까지 흘린다

비 오는
가을날은
추억을 앓는 날이다

떨어진
낙엽들은
그 상처의 흔적들이다
가을비 그치고 나면 내 가슴은 낙엽 한 장

늦은 배웅

양지 쪽 담장 아래 단추국화 시들었다
그대 향한 노란 리본 한 송이씩 시들었다
불타는 늦가을마저 환송하고 돌아섰다

발자국 근처에서 서성이는 그림자
어느 누가 부질없이 인연이라 하는가
가슴속 거친 구릉에 낙엽인줄 모르고

나무는 또 그렇게 한 계절을 보내고
바람은 또 이렇게 누구를 못 잊는데
노을은 미련도 없이 손을 털며 떠난다

감꽃

골목길 내다보는
폐가에 늙은 나무

해마다 소식 바라
한두 송이 피워댄다

고요에 적막을 더해
몸져 누울 감꽃을

꽃 피고 꽃 지는 일
덧없는 길이지만

뿌리 끝을 놓지 못해
올봄에도 피운 꽃

빈집에 강물은 흘러
문을 여는 감또개

설니홍조雪泥鴻爪

울엄니, 길을 가며 소리 없이 우신 날
왜 그런지 모르고 나도 따라 울었다
할머니 가시는 길을 그렇게 배웅하고

눈밭에 발자국들 햇살 속에 미련 없다
사랑을 얻기 전에 이별을 앞서 안고
찬물에 손을 담근 듯 시린 이만 남았다

섬

숫처녀 가슴 같고
아줌마 둔부 같은

저 가까운 섬에게
이름 하나 지어주랴

누구도 부를 수 없는
내 마음 속 기호로

혼자 사는 과수같이
저물어도 불 없는 섬

그 섬에서 한 삼년쯤
서방이나 되어줄까

나무도 옮겨 심으면
뿌리 내려 삼년인데

손가락 짚어가며

육십갑자 헤아린다

역마살에 도화살이라
짝 잃은 갈매기들

저들도
빙빙 돌고 있다
못 떠나갈 섬이다

가을 달밤

묻는 말에 잘근잘근 입술을 깨물어도
들려줄 답변이 생각나지 않는다
등 뒤에 그림자 홀로
끄덕이어 응답하고

변색을 거듭하며 살아온 그리움도
가을 달빛 받으면 언제나 후회여서
온 천지 가득 찬 말씀,
자책으로 잠 못 들고

제 3 부

슬하

능사

나이 들어갈수록
메마르고 초췌해지고
이웃을 떠나보내고
육친을 잃어버리고

왜 내겐
잃는 것만이
능사가 되느냐

누군들 늙지 않고
누군들 잃지 않으랴
먼 곳으로 흘러가는
강물은 말 없는데

왜 나만
폭포수같은
비명으로 남느냐

슬하

아들 함께 아버지가
강둑을 걷고 있다

저녁놀이 후광처럼
실루엣을 보낸다

젊은이
팔에 의지해
먼 길 가는 지팡이

산정호수에서

깊디푸른 가슴에 얼굴 묻고 싶어라

넘치는 산을 안고 미동도 버렸구나

여인아!
눈을 보여다오,
내 가슴을 주리니

뇌성이 울고 가도 무덤처럼 고요하다

바람이 웃고 가도 어둠처럼 깊으구나

여인아,
심지 깊은 골에
내 눈물은 꽃 피는가

무섭다

언젠가
산책길에
죽은 새를 묻어줬다

까마득히
흐른 세월,
새 무덤 지나는데

작은 새,
낯익은 모습
봉분에서 울고 있다

눈동자는 잊었지만
그 새임에 틀림없다

누구를
힐책하느냐,
여리게 우는 새여

무섭다,
내 돌아간 뒤에
다시 와서 우는 새

꽃 피는 나무에게

꽃다운 꽃 못 피우고
긴 터널을 지나 온 나

미소 띤 나무에게
외면하기 부끄럽다

매화는
고목이 되었어도
앙가슴이 뜨겁다

징검돌 유감

돌 한 덩이 앉을 자리 여울에 장만했다
침묵했던 소리들이 잠을 깨고 일어선다
거리를 휩쓸고 가던
시위대 구호 같다

여울 건너 마을에는 불빛도 사라졌다
소용돌이 흐름에 미어지는 가슴이여
저무는 물소리 밖에
따라 우는 징검돌

여유로움에 관하여

주름골 깊어서는 넉넉한 게 좋아진다
감정에 홈을 파던 사유도 느슨해져
몸 따로 놀아나지만 헐거운 옷이 좋다

느직하게 내려오는 산그늘이 보기 좋고
탈 없이 지나가는 날들에게 손 흔드네
빨리에 몸 뺏기지 않고 새아침을 만나리

항구에서

경험 못한 풍경으로 나가는 문이 있다
간절해도 건너지 못한 꽃밭이 숨어있다
만나서 가슴 뛰었던 인연도 있었다

뒤안길 아픈 노래는 가슴속에 울리지만
창밖을 본 시간은 그림자마저 지운다
뱃고동 한 소절마다 목마름을 담았다

출항기 펄럭이며 녹슨 닻을 올리면
꿈은 언제나 문밖에 있어 빛이 났다
소금기 가슴에 묻고 쌍무지개 뜨곤 했다

그 날

숨겨놓고 만나는 애인같은 비밀이다

만나고 헤어진 빗쟁이 미운 날은

어스름 산 그림자가 앞질러 달려간다

자루

보얀 먼지 길게 끌고
달려오던 완행버스

승객보다 짐이 먼저 하차하던 때였지

쌀 팔아 귀가하던 어머니,
크고 넓은 그림자

보릿고개 넘던 시절
가진 것 모두 담아도

일곱 식구 명줄 담긴 마대자루 하나였지

무게도 꼭 그 만큼뿐
한 자루를 못 넘었지

햇무덤

당산집 외동아들
삼우제 지내던 날

구천에 곡을 하던
까마귀 부부 한 쌍

열네 살
마른 목숨 줄
잘도 크던 햇무덤

빈 의자

잔설 위에 덧칠하듯
싸락눈이 내리고

저를 불던 고추바람
이가 시려 그친 밤

의자에 몸을 얹어본다,
이마 짚던 손으로

성에처럼 쌓인 세월에
윤기마저 잃었다

저음으로 앉아 울던
울음만 재생되는 밤

한 생애 아픈 사연이
침묵으로 굳어간다

성에

까막까치 얼어 죽은 밤
왔다 간 이 누구일까

빗살문 한 짝을 유리창에 덧 씌웠네

이것도
친견이라면
괜히 틀린 말
아니리

금낭화에게

설익은 고백이든
귀속 말로 하고 싶다

하다못해 거짓뿐인
옷이라도 벗고 싶다

사랑을 믿지 않을까봐
나 지금, 떨고 있다

노송

바람도 아찔해서 비켜가는 단애에
굽은 솔 한 그루 몸 부지해 서있다
못 박힌 손가락 끝에 안간 힘이 고이네

명命줄 삼아 쥔 해벽이 못 떨친 혹이다
열 자식 거두느라 세월 잊은 어머니,
피골이 상접하도록 마른 숨을 쉬었다

힘겨울 때 푸른빛을 놓고 싶다 하신 말씀,
깊어진 상처마다 소금 친 듯 아려오면
벼랑 끝 쳐진 젖가슴에 눈시울을 적신다

제 4 부

감국에게 묻다

질항아리

묵은 김치 우린다고 물 담은 항아리에
하늘이 먼저 들어 흐린 몸을 씻고 있다
구름도 곪는가보다
터져나는 노을빛

검은 속 곁눈길에 가슴이 서늘하다
하늘은 언제나 깊은 줄만 알았는데
닿을 듯 아득히 멀어
별빛 한 점 못 건진다

공자의 스승

동양사에 철학자는 어느 누가 대가인가

누구든 공자를 으뜸으로 할 것이며, 다음에 맹자, 노자, 순자, 묵자를 들먹일 것이다 그 중에 내 사상에는 묵자와 노자가 공자보다 더 좋다 묵고, 놀자, 그 얼마나 좋은 세상인가 아름다운 세상이 되려면 이름부터 잣자 돌림으로 바꿔야겠다 그분들 가르침대로 산다면 정신적, 물질적인 부족함이 없을 것이다 유희사상을 펼쳤던 그분들은 모두 중국인이었다 혹 그분들을 가르친 이가 누구신지 아시는가? 공자도 그 이가 남긴 말씀은 무조건 긍정하고 수용하였다면 믿겠는가?

그 분은 '웃자' 였으니,
단군왕검 시종이셨네

수련

무료를 쫓으려고 부지런을 떨었다

옛사랑 잊으려고 일거리를 찾았다

수련이 눈에 들었다
동그란 얼굴이다

꽃 보려고 깨진 독에 수련을 심었다

꽃은 피지 않고 얼굴만 가득하다

아득한 세월 저쪽에서
눈치없이 웃는 여자

산사에 와서

목청에 단내 나도록
휘이휘이 오른 산길

고요한 산사에는
풍경만 반갑단다

인적이
뜸한 절이라
목소리 낭랑하다

추녀에 걸린 햇살
덧니로 반짝 웃자

뒤란을 돌아 나온
수줍은 초록 바람

목청이
곱기도 해라,
산새소리 섞이고

장좌불와 노스님은
아직도 면벽인 듯

마애불 정수리에
산 그늘이 내리는데

적막에
점 하나 보태어
나그네로 우뚝 섰다

기쁜 말

내 기억의 창고에서
터널 끝에 이르도록
어렵사리 찾아 낸 말
들먹여보라 한다면

단숨에 할 말이 있지
눈물도 울고 갈 말

사랑이란 달콤한 말에
멋모르고 좋아하지만
떼어놓고 알고 보면
배불렀을 때의 말

허기져 돌아온 날에
'밥 먹자' 하시던
한 마디

11월

홀로 서야 할 때를 나무도 알고 있다
몸피를 줄이느라 잎마저 다 지우고
사랑의 열매까지도 미련 없이 떨군다

저무는 십일월은 찬 서리만큼 외로워라
기러기 높게 날며 가야 할 길 묻지만
두고 온 고향길보다 더 먼 길이 저문다

길

1
사람들이
발자국 남기라고 열려있다

봄이면 꽃이 오고
가을이면 잎이 간다

눈발에 묻히면서도
흩어지지 않는다

2
내 걸어 온 벌판에는
물기 젖어 낮아지고

마을에서 마을로
그리운 이 만나러 가듯

어둠속 등불 밝히며
이슬아래 젖었다

3
설렘과 쓸쓸함은 한 몸으로 뻗었고

맞고 보낸 계절들이
하나같은 추억이네

발바닥 아린 티눈처럼
가야 할 길이 무한이다

망초꽃이 피다

느린꽃이 피느라고
우레가 울었다지만

망초꽃 웃느라고
적막 깊이를 몰랐다

묵정밭 긴 이랑마다
하얀 얼굴,
춤사위

슬쩍 바람 불어
흐트러진 고요에도

꿈이런 듯
선한 얼굴
덧니보인 하얀 미소

우주도
망울을 맺어

고독하게 피고 있네

감국에게 묻다

밤이슬이 내리면서 다가설 일 많아졌다

마주한 향기 앞에 옷깃을 가다듬고

작은 눈 맞추면서도 길을 묻는 늙은이

때 되면 어련할까
그새를 못 참았네

창백한 얼굴로
외면하는 눈길이여

홀로선 벌판에서도
웃고 있는 꽃이여

찻집에서

차향이 빚어내는 고요 속 안식이여
배경으로 깔려오는 거문고 소리 따라
무너진 천년 사직도 갈마들며 나붓거리네

으늑히 눈 감으면 내 사랑도 선녀라
세상이 품에 들어 감미롭게 녹아나면
금슬의 씨줄 날줄은 격자무늬 완자창이네

똥파리론

더워서 목욕하나
갈증 나서 물 마시나

식어버린 숭늉그릇에
똥파리가 헤엄친다

새 세상 찾아간다고
뛰어들었다 하는데…

모험이 있어야만
발전이 있다지만

제 목숨 잃고 나서
세상 얻으면 뭐 하나

분수를 망각하고서
설쳐대다 당하네

남항부두

굼뉘로 출렁이는 선창가 비린 술집
농익은 몸매 따라 술잔은 기우는데
깊은 밤 무적소리는 사랑 찾아 헤매나

인정이 다 젖도록 빈 잔에 채운 청춘
만조의 바다가 술이 되어 출렁이고
해풍에 그을린 만월이 빙긋이 웃고 있네

민박을 하며

달빛을 금침 삼아 신방을 차렸더니
댓잎이 창호지에 구멍 뚫어 들여다보고
풀무치 앓는 소리에 첫날밤나기 틀렸네

늙은 아내 위로해 큰맘 먹은 여행인데
뒤집힌 잠자리에 멀리 가는 가을밤이다
따라온 가랑잎 소리가 귀엣말로 다 덮인다

촌닭

반세기도 더 지나서
더듬어 찾아온 고향

아는 이 하나 없고
산천도 개벽했다

주모와 대작한 양주
이마배기가 볏빛이다

고향도 타향되어
낯설기는 도시 같다

골목길이 대로되어
고급승용차 쌩쌩 달린다

길 잃은 촌닭이 되어
홰치느라 정신없다

항아리

거친 흙이 눈을 뜬다
곰삭혀 비운 가슴

행주치마 손때 묻어
눈썰미 더 푸른 밤

달빛도 가던 길 잃고
눈빛 안에 머문다

제 5 부

비손

성묘

사는 일이 힘들어서 찾아간 모친 산소
무슨 날도 아닌 날에 뜬금없이 나타나서
고하는 말이라고는
조상님을 탓하네

내 하는 일이라야 고작 맘 상하는 짓,
울고 싶다는 핑계로 술잔이나 기울이면
눈치 챈 저녁노을이
질펀하게 울고 가네

어머니 수심가

싸리울에 발을 얹고 멧새가 노래하네
수목에 물오르는 소리를 흉내 내네
가슴에 스미어 번지던 노을빛을 닮았네

눈 감아도
입 닫아도
이명을 열어두고

긴 봄날 밭갈이를
달래시던 노래있어

한 소절 따라 부르면
눈물처럼 번졌네

별후別後

그대 깊은 사랑이 적막같이 감싸안네
어깨 위에 앉는 손 그늘같이 부드럽네
진즉에 알았더라면 사랑 따윈 안 했으리

후회는 막급이지만 추억은 아름다워서
나 홀로 등피 닦듯 기억속을 손질하네
그대는 내 눈에 살아 세월 가도 늙지 않네

새벽에

—병상에서

기억이여,
기억이여
어디에서 돌아오느냐
흐릿한 창문 열고 내다보듯 찾아오느냐
밤새껏 날 버려두고 어딜 혼자 헤맸느냐

눈뜨면
세상은
아득하고 막막하다
생활은 전쟁같이 피와 살이 녹아나는데
눈꺼풀 참호 속에서 머뭇대는 기억이여

비손

찬물 한 그릇에 구걸했던 목숨이다

댓가지 회초리에 감았던 눈 뜨였다

매질에 허위자백으로 부지했던 명이다

저녁놀

할머니, 해거름녘
방천길을 가신다

이고 가는 보퉁이가
혹으로 붙어있다

굽어간 등 하나도 무겁거늘
저녁놀까지 얹었다

꼭 다문 입술에 쟁인 할머니 걸음걸이
배고픈 초승달이 지켜보느라 정신없다

구름은 어디로 가는지
눈시울이 벌겋다

빈집

귀 가만 기울이면
태고적 노래소리
풀잎위에 파문 지는
햇살의 율동이여
바람도 흥이 나는지
까치발로 걷는다

배부른 길고양이
대청마루 차지하고
매화향기 불러들여
봄단장을 끝 마친다
어둠은 빈방에 쌓여
떠나갈 줄 모른다

나목의 전언

여름 한때 하늘마저 잎사귀로 가렸었다
가지를 뻗어내려 호수에 몸을 담고
불타는 몸을 털면서
빈손으로 떠난다

타는 눈빛 잠시 잠깐, 바람 끝에 스러지고
몰려온 서릿발에 돌아눕는 산하여,
들판에 야윈 등뼈가
노을 속에 잠긴다

별빛이 다가와서 눈을 뜨는 길 위에
지나간 빛살은 돌아올 줄 잊어도
노숙인 남긴 상흔은
옹이 되어 아프다

팽나무

작은 몸 틀고 앉은 팽나무 아랫도리
길쌈하는 노파의 입가에 모인 주름이다
지나온 시집살이에 허리마저 굽었다

새벽들에 농부가 차광막을 짓는다
도피한 햇살자락 나뭇잎에 머무를 때
큰 그늘 오지랖 속에 모여드는 까치떼

아버지의 향기

비 내리는 들길에서
흙냄새가 몸에 밴다

뒤따르는 걸음에도
아버지 적삼냄새

샛강은
맨발로 다가와
젖가슴을 보인다

반달

—먼저 간 아내에게

하늘 가는 반쪽달이
유리창을 들어선다

내가 보는 반쪽은
그대 역시 볼 수 없다

별리는
온 달을 버리고
숨어가는
반쪽 달

개화

어둠에서 태어났다
가장 고운 빛깔로

한 송이씩 문을 열고
우주를 흔든다

빛나는 여울물 속에
탯줄을 씻는다

산그림자

온 종일
산을 타던
하산길 계곡 물에

씻으려던
두 손을
황급히 거둔 것은

겁 없이
품었던 산이
먼저 와서 씻고 있네

나뭇잎이
궁글리던
골바람도 숨을 멎어

하얀 솜털구름
말없이 잠긴 물에

고와라
우주의 자모慈母가
목욕하고 계시네

아내에게

그대 앉던 자리에
한낮 햇살 가만 졸고

건드리면 깰세라
숨소리조차 적막하다

고요가
가만가만 다가와
내 옆에 앉는다

저무는 날의 삽화

불어오던 샛바람
해 지면서 되돌아가고

제 깃을 퍼덕이던 새들도 숲에 든다

움막집 추녀 끝으로
그리움에 피는 별

지난 날을 돌아보며 갈 길을 그려봐도

눈감고 귀 막은 세상 침묵만이 흐른다

한 번도 꽃 피워본 적 없는
내 꿈들이 저물고

변산반도 낙조

누구와 이별일까 피 맺히는 격포항
남겨 둔 말 지천으로 꽃 되어 피어나고
가슴에 넘치는 밀물은
어둠길로 떠난다

먹빛된 그리움도 이제는 꺼야 하나
오지 말 걸 그랬나 봐서는 안 되는가
수평선 긴 눈썹 아래
눈물만 출렁인다

망우당 은행나무

의병 축일 아니라도
모국을 품어 왔다
망우당 뵈오려고
찾아오지 않았지만

늙은이 생가 앞에 서서
옷깃 자주 여미네

무쇠라도 녹일 듯한
복더위 아랑곳없이
울분을 삭이느라
구새 먹은 가슴은

하늘을 받들고 서서
망우당을 읽었다

첫눈

산 너머서 오고 있다
바다 밖을 가고 있다

눈빛처럼 오고가는
첫사랑이 남는다면

추억은
손톱 끝에 남은
분홍빛이 좋아라

현고수 아래에서

칼바람 우우우우
울분처럼 일어선다

잎 떨군 느티나무
회초리 된 가지들

망우당,
당신 종아리에
매를 놓고 계시나

나라가 동강나서
부끄러운 하늘 아래

서녘하늘 저녁놀이
홍의같이 뜨겁구나

늦게야 찾아온 손에게
먼저 우는 북소리

그날의 의분이
한없이 부러워라

나라 위해 북 매달고
누가 나서 갈 것인가

견고한 나무아래 서서
북채를 잡아본다

*현고수 : 곽재우 장군이 의병들을 모우고, 훈련하기 위하여 북을 매달았다는 나무

밤, 숲길을 가다

먹구름 사이 길로 만월이 깊이 간다

서둘러 가느라고 속적삼이 다 젖었나

가슴을
열어 보이는 숲
그늘이 환하다

누군가 먼저 간 길로,
그 길로 걸어가는데

고요도 세상보다
따뜻해서 뛰는 가슴

설레어
잠을 설쳐도
두근거릴 밤이 온다

외나무다리

도도하게 흘러가는
강물을 내려다본다

먼 눈 팔고 있는 동안
누가 나를 떠민다면?

생각이
여기에 이르러
소름 오싹 돋는다

멀찍이 떨어져서
다리를 다시 보니

헛된 생각 그만하고
초심으로 살아가란다

마주친
차안과 피안이
예 있지 않느냐고

발문

견고한 서정적 자아와 화해

강 영 환 (시인)

견고한 서정적 자아와 화해

강 영 환 (시인)

1.

우리 시조단도 7~80년대에 비해 양적 팽창과 더불어 문학적 성과를 이룰 수 있는 질적 향상을 꽤 많이 가져 왔다. 그것은 우리 시조단에 던지는 꾸준한 문제 제기와 이에 따른 시조인의 반성과 각성에 의한 바람직한 변화였다고 생각한다. 그러나 문학적 성과는 문단 전체로 달성할 수 있는 것은 아니다. 극히 일부분의 시인들에 의해 새로운 돌파구가 만들어지고 새로운 장르의 패러다임이 결정 되어 지는 것이다. 그러나 지금-여기 양적 팽창에도 불구하고 대부분 시인은 아직도 자신의 테두리 속에서 안이한 태도로 작품을 쓰고 있기는 마찬가지다. 타성에 깊이 젖어있는 이들의 각성은 쉽게 이루어지지 않는다. 그리고 각성을 하였다 하여도 이를 뒷받침할 만한 생산력을 지니지 못하는 경우가 많다. 시조가 자유시 보다 쉽다 생각하는 이들이 너도나도 시조인으로 등단을 하고 행세를 하면서 문단의 패권에

만 관심을 갖는 것도 시조문학의 발전을 저해하는 심각한 요인으로 작용되고 있다. 우리 시조단이 안고 있는 가장 큰 폐단은 바로 패거리를 형성하여 시조단의 권력으로 작용하고자 하는 일일 것이다. 뿌리깊이 내려 악취가 만연해 있는 패거리 문단은 공멸을 자초할 뿐이다.

시조는 일정 형식 속에서 자유로운 상상력을 추구하는 시가문학이다. 딴에는 실험이라는 이름아래 형식을 파괴하는 경우를 종종 본다. 그것이 바람직하든 그렇지 않든 차치하고서라도 시조는 주어진 형식에 의해 결정되어지는 문학 장르이기에 시조가 지닌 일정 형식을 벗어나면 그것은 시조로 분류해서는 안 될 것이다. 형식의 지배를 원하지 않으면 자유롭게 형식을 벗어날 수 있는 자유시를 쓰면 될 것이다. 그러므로 시조를 논할 때는 우선 형식에 지배를 받는 문학 양식이 첫째 조건이 될 것이다. 그 조건을 충족시키고 난 뒤에야 내용의 문제로 접근하면 될 것이다. 형식도 갖춰지지 않은 시조를 시조에 편입하여 논한다는 자체가 우스꽝스런 일이 될 것이다.

우리 전통 시가인 시조에는 묵은 선입견이 있다. 음풍농월, 조선시대에 유행했던 선비들이 여가를 즐기는 방식이다. 시조를 생활의 여기餘技

쯤으로 여길 때 선비들이 모여 유유자적하면 자연과 교우와 여가를 보내는 방법으로 시조나 시가가 이용 되었다. 우리 시대 이전에는 음풍농월이 오랫동안 시조가 지닌 미덕으로 생각되어 왔다. 시가가 삶에 여유를 제공해 준다는 풍류미학에 오랫동안 젖어온 선조들의 사고방식에서 높은 가치는 안빈낙도였고 시조는 그 정점에서 화려한 품위를 제공해 주었다. 그러나 지금은 생활을 위한 시조가 아니라 문학예술로서의 시조로 자리매김 되면서 전문성과 예술성을 심화 시켜 나가고 있다. 이제 어지간한 예술성을 가지고서는 시조계에서 주목 받기도 어렵고 독자들의 높은 요구를 충족시킬 수도 없다. 자유시와 시조가 구분될 수 없는 한 지향점에 도달한 것이다. 이제 시조는 운율 속에 녹아 든 의미가 형식을 초월해 버리는 양상이 아름다운 시조를 만들기에 이르렀다.

눈 시린 벼랑 끝에
동백꽃이 흔들린다

추락은 저런 거다
그림자도 남김없이
흙터만 홀로 자라서

기약하는 눈초리

「해후」 전문

이 시는 벼랑 끝에 핀 동백꽃이 흔들리면서 지상에 떨어지고 꽃이 떨어진 흙터에서 다시 돋아나는 꽃을 기약한다는 의미를 담고 있다. 금년에 떨어진 꽃은 한 번 헤어지면 영원히 다시 보지 못하는 존재다. 다시 만나는 꽃은 일년을 기다려야 한다. 일 년 후 만나는 꽃은 오늘 헤어진 꽃이 아니라 새로운 의미를 간직한 꽃이다. 꽃도 새롭고 꽃을 지켜보는 화자도 새롭다. 일 년이라는 시간과 공간은 숱한 변화를 간직하고 있다. 시적 화자는 그 사실을 '추락'과 '기약'으로 연결시키면서 흔들리며 피어 있는 동백이 안고 있는 문제에 인간 존재의 근원을 어렵지 않게 연결시킨다. 사물 안에 숨어 있는 서정을 이끌어내 근원적 세계를 구축하고자하는 시인의 고뇌를 만날 수 있다. 이렇게 단단하게 사물 속에 이입되는 견고한 서정을 만나는 것은 쉽지 않은 일이 아닐까. 이 시조집을 관통하는 정직한 서정이 가닿은 지점은 숱한 사물들 간 혹은 사람들 사이의 화해 방식에 있다.

2.

내가 차달숙 시인을 만난 것은 1990년대 초반쯤이었다. 부산시인협회를 결성하던 때 빛남출판사에서 간혹 얼굴을 대할 때가 있었다. 그때는 글을 쓰고 있다는 느낌을 받지 못했다. 하지만 출판사에 드나든다는 것은 글에 대한 관심이 가지고 있거나 글과 관련된 일을 하고 있거나일 것이다. 그렇게 잠간 만남이 있었지만 그냥 스쳐지나간 인연쯤으로 끝이 났다. 그러다 간혹 백일장이나 글 공모 심사에서 심사위원으로 함께 할 기회가 있었다. 산문에 대한 심사를 맡는 것을 보았기에 수필가로 등단하였구나 생각했다. 그러다가 시집을 출간했다며 시집을 건네주기에 시인으로도 등단했는가 보다 생각했다. 그런데 최근 시조 원고 파일을 보내와 해설을 부탁한다고 했을 때 놀라움을 금치 못했다. 그는 문학에 뜻을 두지 않았을 때 맨 처음 시조문학에 매료되었다고 귀띔해 주었다. 시집 서문에서 '한 그루의 팽나무 같으시던 아버지와 시조창을 즐겨 읊으시던 어머니가 새삼 그립습니다. 삶이 힘들수록 마음을 달래시듯 읊으셨' 던 부모님의 영향을 크게 받아 맨처음 시조로 등단했다고 말했다. 시와 수필, 그리고 시조, 왕성한 문단 활동 등 노년에 전방위 문학을 하고 있는 엔터테인먼트 문학인

임에 또 한 번 더 놀라지 않을 수 없었다.

나이와 상관없이 지속적으로 불타고 있는 문학에 대한 그의 열정은 어디에서 비롯되고 있을까?

작품집 전반을 아우르는 정서를 살펴보면 두 여인이 등장한다. 두 여인이란 바로 아내와 어머니다. 두 분 다 고인이 되었지만 그의 문학적 바탕은 거기에서 비롯된 것이 아닌가 조심스럽게 추측해 본다. 어머니야 어찌 됐던 영원한 고향과 같은 의미로 마음에 자리 잡는 것은 당연하다. 그러나 아내에 대한 그리움은 지극한 사랑이 아니고서는 망각 속으로 떠나보내기 쉽다. 현실에서 고인을 마음에 두고 살아간다는 건 고통이기 때문이다. 그 고통을 사랑으로 풀어내고 사랑을 예술로 승화 시키면서 시에 대한 열정이 그치지 않는가보다. 그렇다. 사랑의 힘을 느끼는 일은 행복한 순간이 될 것이다.

가슴에 토박이 말 빗장 굳게 닫아걸고
강물 속에 새긴 뜻 풀어 읽는 눈빛이여
기원이 하늘에 닿으면
타는 노을도 꽃이다

동녘에서 몰려오는 어둠을 등에 지고
샐비어 밀밭 가듯 을숙도 가는 길

술 취한 가등 불빛에
수평선이 기운다

「하단에서—낙동강 · 4」 전문

시는 시 자체일 뿐 다른 그 무엇은 아니라고 말할 때 그 말속에 스며 있는 의미들은 무엇일까. 오든에 의하면 '예술은 인생이 아니며 또한 사회의 산파역도 될 수 없다. 시는 시 이외에 아무 것도 아니다' 라고 했다. 그러나 어쩌랴 시는 현실을 반영해 주는 마음 속 거울이기에 시의 이면에 담겨진 내 삶의 무늬를 느껴볼 수 있는 기회를 가질 수 있다. 차달숙 시조에는 현란한 수사가 없다. 미래파 자유시에서 횡행하는 이른 바 비틀어진 문장을 이용해 교묘한 표현을 이끌어 내지도 않는다. 현실 감각을 유지한 채 정직한 표현으로 의미를 드러낸다. 사물들 속에서 자신만의 느낌을 끌어내는데 어쩌면 단단한 서정이 주는 힘을 믿는 것 같다. 시를 여성성이라고 볼 때 서정은 시의 뿌리가 될 것이다. 단단한 서정이 가져다주는 차시인의 시조는 야무지고 속살이 깊다.

그대 앉던 자리에

한낮 햇살 가만 졸고

건드리면 깰세라
숨소리도 적막하다

고요가
가만가만 다가와
내 옆에 앉는다

「아내에게」 전문

위 작품에서도 그런 모습은 바뀌지 않는다. 아내가 앉았던 자리까지 그리워하고, 아내가 떠난 자리에 머무는 그 작은 햇살마저 졸음이 깨어날까 조바심을 하는 지극한 사랑가다. 그러나 지금은 혼자 앉아 있다. 그 옆으로 고요가 다가와 앉는다. 어쩌면 사별은 시인에게 고요가 된 것이다.

추억으로 가고 싶고, 깊은 몸 안에 숨어 있었던 고향이 홀로 시간을 채색해 준다. 고향으로부터 어머니가 비롯된다. 시인의 정서가 끝닿는 곳에는 항상 어머니가 있다. 어머니는 곧 아내의 이미지와도 연결 된다. 고향과 어머니와 아내는 그에게 동일한 이미지로 나타난다.

3.

휠라이트의 도식에 따르면 '은유는 상반되는 요소들 사이의 다양한 투쟁 양식이다'는 것이다. 은유로 표현되는 시는 리얼리티가 새롭게 인식된 세계다. 생기 있는 실체라고 불려질 수밖에 없다. 그래서 시는 이념적 도구로써 보다는 인간의 한 근원적 사고활동의 표상이요, 엔 프라이의 말처럼 '투쟁의 형식'이라는데 그 진의가 놓인다는 점을 새삼스럽지만 단호하게 인식하자는 것이다. 시인이 표출해 낸 이미지들에는 다양한 양식들이 나타난다. 아무렇게나 추출해 낸 그의 은유에는 사물과 사물 사이 거리에 놓인 '투쟁 양식'이 있음을 발견할 수 있다.

〈빈들에 꽉 차는 손짓에/ 창을 여는 풀잎들〉(「부처님 손 1」)

〈오늘은 저녁노을도/ 겯불처럼 울고 있다〉(「뒷모습」)

〈눈물에 빈 배가 되어/ 떠나가는 초승달〉(「저녁 풍경」)

〈저무는 물소리 밖에/ 따라 우는 징검돌〉(「징검돌 유감」)

'손짓'과 '창을 여는 풀잎들'은 이질적 요소들

이다. 이런 이질적 사물들의 조합은 시적 상상력을 동반한다. 시집 곳곳에서 만날 수 있는 시적 표현에 있어서 이렇게 원시적 삶의 원리를 '투쟁의 원리' –곧 장력의 원리이리라. 시의 경우에는 은유적 표현에서 장력이 강하게 작용되는 언어여야 하며 그것은 개별적 시점을 지향해야만 상상력을 높일 수 있는 것이다. 이때 언어는 필연적으로 의미론적 장력을 지향하며, 그것은 사물의 리얼리티를 표출하는 인간의 근본적 활동이 된다. 차 시인이 '빈배' 와 '초승달' 을 연결시키는 구도처럼 '상반되는 요소들 사이의 다양한 투쟁의 양식' 에 해당된다. 그의 시에서 투쟁 혹은 장력 자체와, 인간으로서의 개별적 시점이라는 명제에 연결된다. 그러기에 한 시인에게 있어서도 시는 똑 같은 시가 존재할 수 없는 이유이기도 하다. 그것은 낯설게 하기와 통하며 시가 지극히 개성화 되어 어려워지는 이유가 되기도 한다. 차시인의 작품에서는 상반된 요소의 다양한 투쟁 속에서 두 사물의 거리를 비교적 그렇게 멀리 띄우지 않고 가까운 거리에 놓아둔다. 어쩌면 투쟁양식이 아닌 화해의 양식에 가깝다. 이는 독자들 부담을 최소화하게 된다. 그것은 시적 표현을 얻는데 있어서 쉽지 않은 결정이었으리라 본다. 어렵게 쓰여진 쉬운 시를 지향하는데 있어야 할 자리다.

이 시집에는 유난히 노을에 대한 이미지가 많다. 어쩔 수 없는 노년기 정서가 노출되는 경우라 할 것이다. 시에는 나이를 초월해야 하는데 현재적 삶의 모습을 보여주고자 할 때 어쩔 수 없이 드러나는 모습이 아닐까 여겨진다.

아들 함께 아버지가
강둑을 걷고 있다

저녁놀이 후광처럼
실루엣을 보낸다

젊은이
팔에 의지해
먼 길 가는 지팡이

—「슬하」 전문

저녁놀이 후광처럼 실루엣을 그려주는 강둑길을 아버지를 부축한 젊은이가 함께 가고 있다. 이는 숭고해 보이기까지 한 모습이다. 아들과 함께 걷고 싶은 간절한 소망이 담겨있는 작품이다.

외롭고 쓸쓸한 노년에 꿈꿀 수 있는 지극히 현실적인 환상이다.

주름골 깊어서는 넉넉한 게 좋아진다
감정에 홈을 파던 사유도 느슨해져
몸 따로 놀아나지만 헐거운 옷이 좋다

느직하게 내려오는 산그늘이 보기 좋고
탈 없이 지나가는 날들에게 손 흔드네
빨리에 몸 뺏기지 않고 새아침을 만나리

「여유로움에 관하여」 전문

차달숙 시인은 작품들 속에서는 이렇게 여유를 갖고 있는 작품이 많다. 그러나 그의 현실적 삶에 있어서는 여유보다는 열정을 쉽게 만날 수 있다. 새부산시인협회 사무국장직을 수행하면서 부산 시단에 엄청난 활기와 에너지를 불어넣고 있다. 그런 일은 아무나 할 수 있는 일이 아니다. 노익장임에도 불구하고 체면이나 선입견 같은 것에 구애받지 않고 하고 싶은 자신의 일을 거침없이 밀고 나간다. 그 정도로 시인의 생활은 활기차고 도전적이며 뜻 깊은 일이다. 도전하는 삶은 아름답다. 더구나 은퇴할 시점에 다시금 쉽지 않은 도전은 이웃의 부러움을 넘어 시기와 질투를 유발 시킬 수도 있다. 그러므로 무차별적인 도전보다는 균형감각을 살린 여유를 간직하고 이웃을 살피며 함께 살아가는 지혜를 다짐해 보는 것도 좋을 것같다. 시는 '미래에 있을 법한 일을 느낌으로 적어내는 것' 이라고 했다. 바쁘게 살아온 지난 날들에 대한 반성과 함께 새로운 다짐을 스스로에 던지고 있다. 이젠 깊어질 대로 깊어진 차시인의 황혼녘을 만날 수 있는 행운을 기대해 본다.

격랑이 휩쓸고 간 외딴마을 너와집

두리기둥 옹이마다 기침소리 들린다

매미도
푸른 한나절을
숨죽여 듣다 간다

「두리기둥—폐가에서」 전문

이 시에는 여유를 넘어 관조를 만날 수 있다. '외딴집', '너와집', '두리기둥', '옹이', '기침소리', '매미', '한 나절', '숨죽여 듣다 가' 는

제재들이 지극히 객관적인 진술로 나열되어 있다. 욕심을 떨어낸 빈자리를 채우는 것이 관조가 되는 일은 구도자들에게는 당연한 귀결이다. 시인을 구도자로 분류할 때 시가 닿아야 할 궁극의 세계는 관조가 될 것이다. 그러나 아직 해야 할 말이 많이 남아 있는 차 시인의 시조가 당도해야 할 곳은 우선 관조가 아닌 생활이어야 할 것 같다. 좀 더 치열하게 시조의 영역을 넓히고 세계를 깊이 있게 천착해 볼 수 있는 기회를 가져야 할 것 같기 때문이다. 초월 할 수 있는 힘을 갖는다는 건 쉽지 않다. 모든 일을 겪어본 이후에 초월을 만나야 한다. 이제 첫 시조 작품집으로써 도달해야 할 세계는 서정이라는 출발점이다. 그에게 남은 건 서정을 바탕으로 그 위에 자신만의 가치관을 세워 집 한 채 견고하게 짓는 일이다. 그의 서정이 닿는 곳마다 통과의례처럼 군림하는 두 여인으로부터 벗어남, 혹은 고향 의식을 떠나서도 존재할 수 있는 작품 세계가 그것이다. 어쩌면 낡은 서정일 수 있는 사물들 간의 화해를 넘어 현실 세계에서 자주 만나고 부딪히는 투쟁 양식의 서정에 몰입해 보는 것도 행복한 시 쓰기에 한 걸음 다가서는 일이 아닐까 한다.

첫 시조집 출간을 축하해 마지 않는다.

松韻 차달숙 시인

· 경남 창녕 출생. 수필, 시, 시조 등단
· 보병 소대장으로 월남전 참전. 육군중령 예편, 보국포장 수상
· 부산시 민방위 소양교육 강사, 부산광역시 교통문화연수원 외래 교수
· 부산수필문인협회, 부산광역시 문인협회 사무국장, 이사 역임
· 한국문학신문 영남본부장, 실상문학 작가회 회장 역임
· 국제 펜클럽 한국본부 시분과, 한국문협 수필분과 회원
· 부산시조시인협회 회원, 부산문인협회 상임이사
· 한국바다문학회, 국보문학협회, 부산수필문인협회 부회장
· 한국문학신문 전국총괄본부장, 새부산시인협회 상임부회장
· 수상 : 한성기문학상, 한국바다문학상 본상 외 다수
· 산문집 「마음따라 달라지는 인생살이」(칼럼집)
「성공의 저 언덕을 향해」(칼럼집)
「어머니의 팔베개」(부부수필집)
「추억 자리에 서서」(수필집)
· 시 집 「아내의 텃밭」,「세한의 저녁달」
「사랑의 배접」,「을숙도에 띄운 나의 연서」
「지상의 저녁」,「낙동강에 띄운 나의 연서」
· 시조집「두리 기둥」

48311 부산시 수영구 수영로 384번길 7(남천파크@) 1동 108호
E-mail dscha2428@hanmail.net
H.P 010-2802-4651